DER FUCHS IN UNS

Texte des Schreibwettbewerbs 2012
von *Schreibfeder. de*

Herausgegeben und zusammengestellt
von Bettina und Lutz Haubold

D1705376

Verlag deutex
Berlin

Bettina und Lutz Haubold (Hrsg.):
Der Fuchs in uns -Anthologie-

Bibliografische Information der Deutschen Nationalbibliothek
Die Deutsche Nationalbibliothek verzeichnet diese Publikation in der
Deutschen Nationalbibliografie; detaillierte bibliografische Daten sind im
Internet über http://dnb.d-nb.de abrufbar.

1. Auflage 2012
© 2012 Verlag deutex - Bettina Haubold, Berlin - www.deutex.de
Die Rechte an den Texten liegen bei den Autoren selbst.
Alle sonstigen Rechte vorbehalten.
Umschlagfoto: © DenZor - Fotolia.com
Satz und Umschlaggestaltung:
Agentur PaintClick - Lutz Haubold - www.PaintClick.de, Berlin
Druck: dbusiness.de gmbh, Berlin

ISBN 978-3-943327-01-4

Inhalt

Vorwort

Zwang
auch mich
das Leben
Schlaufuchs zu sein,
List zu gebrauchen,
wie
bleibt doch
Geheimnis

Horst Leopold Konopatzky: Mein füchsisches Geheimnis

Auf Fuchs- und Textjagd

Mit den in dieser Anthologie vorliegenden Geschichten geht einer der spannendsten Schreibwettbewerbe der Internetplattform Schreibfeder.de zu Ende. Wie in den sieben Jahren zuvor schickten wir deutschsprachige Autoren und Autorinnen aller Altersgruppen und aus aller Herren Länder auf die Suche nach Texten. Doch das wie immer weit gefasste Motto "Der Fuchs in uns" war vielleicht schwieriger als in den vorangegangenen Jahren.

Die europäisch-christliche Kultur war es jahrhundertelang gewöhnt, Mensch und Tier moralisch strikt zu trennen. Evolutionsgeschichtliche Entdeckungen blieben weitgehend auf die Biologie beschränkt. Und trotzdem existierten ebenso jahrhundertelang Spruchweisheiten, Märchen oder Geschichten, die mehr preisgaben. Das Tier ist dem Menschen näher als er glaubt, manchmal näher als ihm lieb ist. Haustiere passten sich dem Leben des Menschen an. Aber auch Wildtiere, mehr und mehr als des Schutzes bedürftig erlebt, sind dem Menschen längst nicht mehr fremd. Der Fuchs nimmt dabei eine Sonderstellung ein. "Die Figur des Fuchses liegt absolut im Trend der Zeit, und doch ist sie verblüffend zeitlos" (wie uns unsere Teilnehmerin Anja Blume in ihrem Essay schrieb). Einerseits sind Eigenschaften, die ihm zugeschrieben werden, wie die sprichwörtliche Schläue, begehrt, doch werden sie nur in Bezug auf den eigenen Vorteil eingesetzt, mit (Hinter)-List gepaart, sind sie moralisch verwerflich. Seine Vielschichtigkeit ließ den Fuchs deshalb auch seit Aesops Zeiten mal als "den guten", aber auch mal als "den bösen" Handlungsträger in Texten auftreten. Immer aber entstanden mit seiner Figur Texte, die uns bis heute mehr begleiten als uns bewusst ist. Anders als in unseren voran gegangenen Wettbewerben zeigte sich darum in diesem Wettbewerb auch besonders das Spiel mit älteren Texten. Sie werden eingebunden wie es das Gedicht oben zeigt. Erinnerungen an Lesestunden werden auf einmal wach wie bei unserer Hauptpreisträgerin Andrea Büschgens, deren Held die Schulzeit längst bewältigt hat.

Doch besser als wir es vermögen, bieten uns 12 Autoren und Autorinnen an, ihren Fuchs kennen zu lernen und sein Geheimnis zu entdecken.

Wir wünschen eine ebenso spannende wie frohe Lektüre!

Bettina und Lutz Haubold
Berlin, im November 2012

Josef Przyklenk: Ein Fuchs mit Wolfszähnen

Im Jahre 1948 regierte "Schmalhans" in Deutschland als Küchenmeister. Zum Überleben gehörte "Selbstversorger" zu sein. Ich wohnte mit Eltern und Schwester in einem Dorf in der Lüneburger Heide. Wir hielten Kaninchen, Hühner, Enten und in jenem Jahr zum ersten Mal Gänse. Mein Vater hatte sie aus einer Brutanstalt geholt, flauschige Bälle, die blitzschnell laufen konnten.

"Gänse hüten" gehörte fortan zu meinen Aufgaben.

Die kleinen Biester sahen in mir ihre Mutter, folgten mir überall hin, manchmal als Schwarm, manchmal geordnet im Gänsemarsch.

An jenem Tag im Sommer, von dem ich erzählen möchte, brannte die Sonne von einem Himmel, der sich seit einiger Zeit weigerte, Regenwolken zu produzieren. Ich hatte von Onkel Willi, einem verschrobenen alten Mann, ein Buch von Sven Hedin bekommen, eine Reise durch die Wüste Gobi. Um der wie eine Glocke über dem Land hängenden Hitze zu entkommen, ging ich mit den Gänsen an den Rand einer Wiese, die an einen schattigen Garten grenzte.

Ich begann zu lesen, folgte Sven Hedin durch die Glut der Gobi. Die Gänse zupften Gras. Plötzlich stürzten alle an eine Stelle und versuchten ein Blatt zu erhaschen, das durch den Zaun ragte. Was mochte das Aufregendes sein? Ich stand auf, brach das Blatt vom Stengel. Es war leicht gezackt und von grüner Farbe. Aus der Bruchstelle trat eine milchige Flüssigkeit aus. Ich schnupperte daran. Frisch, dachte ich, wie gerade geschnittenes Gras, nur süßlicher. Dann sah ich mir die Pflanze genauer an. Sie trug mehrere rote schwarz gefleckte Blüten. Was so aussieht und so nach Natur riecht, kann nicht giftig sein, entschied ich. Und wenn die Gänse so scharf darauf sind...

Also griff ich durch den Zaun und brach einige Blätter ab. Die Gänse stürzten sich darauf wie gierige Geier.

Über uns im Blau des Himmels kreiste auf Beute lauernd ein Habicht. Wehe, drohte ich ihm, du versuchst dir eins von meinen Gänslein zu holen! Dann werde ich fuchsteufelswild. Wenn ich in diesem Augenblick schon geahnt hätte...

Ich kehrte in die Gluthölle der Gobi zurück, durchquerte mit einer Karawane unendliche Weiten, hörte das Rufen der Treiber, das Scharren der Hufe, das Schnaufen der Kamele. Die Gänse schmatzten.

Plötzlich Stille. Ich sah zu meinen Gänsen. Das durfte nicht wahr sein! Eine nach der andern streckte den Kopf nach vorne, breitete die Flügel aus, die Beine knickten nach hinten, platsch, da lagen sie. Bewegungslos! Tot? Ich berührte eine mit dem Zeigefinger, nichts, keine Reaktion!

Trotz sengender Hitze überfiel mich eisiges Entsetzen. Eine Katastrophe! Wenn die Gänse wirklich... Ich vermochte den Gedanken nicht zu Ende denken. Die Fußballschuhe, die ich zu Weihnachten für das "Gänsegroßziehen" bekommen sollte, konnte ich mir jedenfalls abschminken.

Ich musste einen Ausweg finden. Ein Unglück. Unabwendbar! Das war die Lösung: Ein Fuchs hatte uns überfallen. Ein riesiger Fuchs. Fast schon ein Wolf. Was konnte ich gegen dessen alles zermalmende Zähne ausrichten? Ein Wunder, Mutter, würde ich sagen, dass ich noch lebe! Happs, hatte er gemacht, weg waren die kleinen Gänslein.

Aber sie liegen noch da, bewegungslos, tot, wie ich sah. Die Leichen verschwinden lassen ist wichtig, hatte ich in einem Krimi gelesen. Allein der Gedanke, die Kleinen anfassen und vergraben zu müssen, verursachte mir Gänsehaut. Sehr passend, Gänsehaut, dachte ich.

Was dann kam, war, glaube ich, das, was man eine Panikattacke nennt. Ich rannte los. Kopflos. Heulend. Einige Meter von unserem Haus entfernt schrie ich:

"Die Gänse! Die Gänse! Alle tot."

"Was ist passiert?", fragte mein Vater.

"Die Gänse. Umgefallen. Tot", sagte ich.

"Umgefallen, tot, einfach so?", fragte mein Vater.

So wie er mich ansah, wusste ich, dass ich die Sache mit den Fußballschuhen an den Nagel hängen konnte. Dann fiel mir der Fuchs ein. Vielleicht war zwischenzeitlich wirklich einer aufgetaucht und hatte die kleinen Biester mitgenommen. Keine Leichen, keine Beweise!

Noch wollte ich nicht aufgeben.

"Da war ein Fuchs", sagte ich, "ein großer. Mit Zähnen wie ein Wolf!"

"Ein Fuchs mit Wolfszähnen!"

Die Halsschlagader meines Vaters schwoll an, was ich als äußerst bedrohliches Zeichen kannte:

"Junge, was hast du wieder angestellt?"

Fußballschuhe endgültig ade, dachte ich. Nur ein Wunder konnte mich jetzt noch retten.

"Sehen wir nach", sagte mein Vater streng.

Also tigerten wir los. Hoffentlich war inzwischen ein Fuchs gekommen! Allein der Gedanke, die Kleinen tot vorzufinden, verursachte mir Grauen.

Auf halber Strecke kam uns ein sich chaotisch auseinander ziehendes und wieder verknotendes gelbes Laufband entgegen. Was war das?

"Da kommen sie ja!", sagte mein Vater.

Es gibt doch noch Wunder, dachte ich und faltete heimlich die Hände. Unglaublich! Meine toten Gänse kamen uns entgegen. Aber wie sie liefen! Sie versuchten eine Art Gänsemarsch, streckten Kopf und Hals nach vorne, machten hektische Schritte, breiteten die Flügel aus, die Beinchen knickten ein, sie fielen auf den Bauch, die nachfolgenden konnten nicht bremsen, Massenkarambolage in gelb.

"Wie eine Kompanie Soldaten, die in Köln Rosenmontag gefeiert haben und auf ungeordnetem Rückzug in die Kaserne sind", sagte mein Vater. Er lachte. Dann sah er mich streng an:

"Bestimmt hast du ihnen Mohnblätter zum Fressen gegeben! Sieh dir an, welche Wirkung das hat! Die Gänse werden sich erholen. Dir sollte das eine Lehre für dein Leben sein."

Ja, dachte ich, auch was wunderbar aussieht und gut riecht kann gefährlich sein.

Dann rief ich: "Tschiep, tschiep, tschiep", und als die Gänslein zu mir kamen, war ich irgendwie glücklich und sah die Fußballschuhe wieder ganz dicht vor mir...

Andrea Büschgens: Die Trauben des Fuchses

In der Klasse ist es mucksmäuschenstill. Achtundzwanzig Jungenköpfe beugen sich über ihre Lesefibeln, die Augen fest auf den Text gerichtet. Wer von ihnen, oh je, wer von ihnen würde gleich wieder zum Prügelknaben des Tages auserkoren? Einer von ihnen kriecht besonders tief in sein Buch hinein.

Lieber Gott, bitte, ich bitte dich, ich flehe dich an, mir zu helfen, nur noch dieses eine Mal. Ich will mir auch noch mehr Mühe geben mit dem Lesen, aber bitte, bitte, mach', dass er mich heute nicht dran nimmt.

Ganz leise und vorsichtig wischt er seine feuchten Händchen an den Hosenbeinen ab und legt sie wie beim Sonntagsgebet in der Kirche ganz fest ineinander.

Dr. Breckelmann, von den Schülern der dritten Klasse nur der "Schreckelmann" genannt, lässt seinen Blick langsam und prüfend durch den Klassenraum schweifen. Dann greift er zu seinem schwarzen Notizbuch, schlägt es auf, ohne sich dabei von den Schülern abzuwenden, und blättert es geräuschvoll Seite für Seite durch. Ganz langsam.

Breit und bedrohlich hat er sich vor seinen Zöglingen postiert, sein Körper wiederholt wortlos, was er ihnen mindestens einmal täglich entgegen schreit:

"Da sitzt ihr wieder vor mir, zitternd und schlotternd, ihr kleinen Rabauken, ihr unerzogenen Rotzlöffel, die ihr mir jeden Tag mit eurem Geschrei auf dem Pausenhof den letzten Nerv tötet. Aber wehe, wenn es darum geht, einmal vor allen anderen aufzustehen, sich kerzengerade und aufrecht vor die Klasse zu stellen und mit der gleichen kräftigen Stimme, mit der ihr mir jeden Tag das Trommelfell ruiniert, euer Können beim Lesen unter Beweis zu stellen, ja, dann habt ihr alle die Hosen gestrichen voll und bringt keinen Satz heraus. Feiglinge, Versager, ja, das seid ihr, Feiglinge und Versager."

12

Die Jungen spüren die abgrundtiefe Verachtung des Lehrers. In vier Jahrzehnten Schuldienst ist er nicht nur gealtert, sondern auch bis in den hintersten Winkel seiner Seele verbittert.

Inzwischen hat Dr. Breckelmann die richtige Seite in seinem Notizbuch gefunden. Er fährt mit seinem Zeigefinger die Notenspalte hinunter. Dann hält sein Finger an und klopft mehrfach auf dieselbe Stelle, um feierlich die letzten Sekunden bis zum Auslösen der Guillotine einzuleiten.

Der schmächtige blonde Junge, der gleich vorne links vom Lehrerpult sitzt und dessen gefaltete Händchen sich unter dem Tisch immer fester ineinander verkrampfen, hört noch, wie Schreckelmann mit der Zunge schnalzt. Dann saust das Fallbeil gnadenlos und unerbittlich auf ihn herab.

Ich bin mit Haut und Haaren geliefert. Amen.

"Matthias, Matthias Groß, steh' auf, mach' deinem Namen wenigstens heute einmal Ehre und lies uns den ersten Absatz des Gedichtes vor", brüllt die Stimme des Henkers durch den Klassenraum.

Matthias schlägt das Herz bis zum Hals. Er verspürt einen heftigen Druck auf der Blase, auf den Ohren, ein dicker fetter Kloß macht sich in seinem Hals breit, der Schweiß tritt ihm aus allen Poren. Sein Atem geht nur noch in kleinen heftigen Stößen.

Wie schön wäre es, wenn ich jetzt einfach vom Stuhl kippen und in Ohnmacht fallen würde. Warum, warum kann mir das jetzt nicht einfach passieren?

Aber diesen Gefallen tut ihm sein Körper nicht. Während Matthias wie benommen den Stuhl nach hinten schiebt, mit den Händen die Tischkante umklammert und sich mühsam mit Armen und Beinen hoch drückt, sieht er aus den Augenwinkeln, wie ihn sein Tischnachbar Eddi verstohlen angrinst und die Spitze seiner Zunge zwischen den Lippen hervor blitzen lässt.

Du Scheißkerl, na warte, in der Pause lang' ich dir eine in deine Fresse, dann wird dir dein dreckiges Grinsen noch vergehen ...

Für weitere Überlegungen hat Matthias keine Zeit. Auch nicht, wie er dem Eddi seine ständige Gehässigkeit später heimzahlen will. Erneut schreit ihn

Dr. Breckelmann an, er solle doch jetzt endlich mit dem Lesen beginnen. Einsam und verloren steht er in dem totenstillen Raum.

"D-d-d-..." Heute bleibt er bereits am ersten Buchstaben des ersten Wortes der Geschichte hängen. Angestrengt starrt er auf den Text.

Der Text, das ist doch die schwarze Farbe auf dem weißen Papier. So viel kann ich noch erkennen. Sie verteilt sich unregelmäßig darauf. Es gibt größere und kleinere Blöcke, lange und kurze Striche, Bögen, Schnörkel, Querstriche und Punkte. Warum darf ich das, was ich dort sehe, nicht einfach nur beschreiben. Buchstaben, ja, ich weiß, dass es Buchstaben sind, aber was sie bedeuten, wie sie zusammen gehören, wie ich daraus ein Wort oder einen ganzen Satz machen und in einem Zug herunter lesen kann, nein, nein, nein, das kann ich nicht. Warum nicht, verdammt noch mal, warum kriege ich das immer noch nicht hin?

Am liebsten würde er laut aufschluchzen, aber dann würden ihn Eddi und die anderen erst recht auslachen. So reißt er sich mit letzter Kraft zusammen, kämpft die aufsteigenden Tränen nieder. Die losen Buchstabenformen tanzen vor ihm herum, immer schneller, immer heftiger, bis sie sich zu einem langen schwarzen Band aufreihen, das sich vor seine Augen legt und ihm gleichzeitig von außen die Kehle zuschnürt. Oder befindet er sich bereits im Würgegriff von Schreckelmann, der langsam durch den Klassenraum schreitet und sich in diesem Moment genau hinter ihn stellt...?

Zwei Jahre später geht Dr. Breckelmann in den Ruhestand und Matthias wechselt auf eine Schule für Kinder mit Lese- und Lernschwierigkeiten. Entgegen aller Prognosen des alten Lehrers schafft er dort mit 18 Jahren einen Schulabschluss. Den sich daran anschließenden Wehrdienst verweigert Matthias, entscheidet sich stattdessen, Zivildienst in einem Altenheim zu leisten.

Mit seinem geduldigen und freundlichen Wesen findet er bereits in den ersten Tagen Zugang zu den alten Menschen. Altenpflegerin Hildegard ist froh über die Unterstützung des kräftigen jungen Mannes. Als sie sieht, dass Matthias in der Pause gerne in seinem kleinen Gedichtband liest, den er immer in der Hosentasche bei sich trägt, bemerkt sie lachend:

"Na so etwas, einen Dichterfreund haben wir uns da eingefangen. Dann bist du ja genau der Richtige, um unserem Neuzugang aus Zimmer 55 ab und zu etwas vorzulesen. Ein alter Deutschlehrer ist das, der einen schweren Schlaganfall erlitten hat. Seine Tochter hat ihn letzten Monat zu uns gebracht. Er ist halbseitig gelähmt und kann nicht mehr sprechen. Wenn du magst, darfst du ihm gleich heute ein paar Minuten vorlesen."

"Ja, klar, mache ich gerne", ruft Matthias ihr noch zu, während er sich bereits den Wagen mit dem Nachmittagstee schnappt und ihn in Richtung Aufzug schiebt.

Höflich klopft er an der Tür der Nummer 55, bevor er schwungvoll mit der gefüllten Teetasse in der Hand eintritt. Der alte Mann, der vor dem Fenster in seinem Sessel sitzt, starrt ihm regungslos entgegen. Sein gelähmter Arm liegt schlaff auf der Lehne, der Kopf ist leicht zur Seite gefallen, ein wenig Speichel fließt ihm aus dem Mund. Nur seine großen Augen sind weit aufgerissen.

Sicher habe ich ihn erschreckt.

Plötzlich bleibt Matthias wie angewurzelt stehen, kann es nicht glauben.

Mein Gott, das darf doch nicht wahr sein, nein, das kann nicht sein ... das ist doch der Schreckelmann!

Aber je länger er den alten hilflosen Mann dort am Fenster betrachtet, desto mehr gelingt es ihm, sich wieder zu fassen, seine Gedanken zu ordnen.

Wie lange das schon her ist, und Angst, nein, Angst macht dieser Mensch mir keine mehr.

"Guten Tag, Dr. Breckelmann", bringt er schließlich laut und deutlich heraus.

"Können Sie sich noch an mich erinnern? Ich bin der Matthias aus der Gerhard-Hauptmann-Schule, der, der nie lesen konnte. Sie waren einmal mein Deutschlehrer."

Geduldig wartet Matthias ab, wie Dr. Breckelmann auf die Begrüßung reagieren würde. Aber es geschieht nichts, einfach gar nichts.

Bei dem Wort "Schule" hat er doch gezuckt, oder? Hm. Mehr ist aus ihm aber tatsächlich nicht herauszuholen. Nein, er scheint sich überhaupt nicht zu erinnern. Ein bisschen schade ist das schon...

"Na gut, dann will ich Ihnen jetzt etwas vorlesen, ja, ganz genau, vor-le-sen."

Stolz schaut er Schreckelmann noch einmal direkt in die einsam verlorenen Augen. Dann nimmt er das Buch, das er auf dem Tisch liegen sieht, in die Hand.

"Wie schön, eine Gedichtesammlung. Die mag ich besonders gerne."

Liebevoll blättert er sie durch, bis er an dem Gedicht *Der Fuchs und die Trauben* hängenbleibt. In ruhigem Ton beginnt er mit dem Vorlesen:

Ein Fuchs, der auf die <u>Beute</u> ging,

fand einen Weinstock, der voll schwerer Trauben

an einer hohen Mauer hing.

Sie schienen ihm ein köstlich Ding,

allein beschwerlich abzuklauben.

Er schlich umher, den nächsten Zugang auszuspäh'n.

Umsonst! Kein Sprung war abzuseh'n.

Sich selbst nicht vor dem Trupp der <u>Vögel</u> zu beschämen,

der auf den Bäumen saß, kehrt er sich um und spricht

und zieht dabei verächtlich das Gesicht:

Was soll ich mir viel <u>Mühe</u> geben?

Sie sind ja herb und taugen nicht.[1]

---

[1] Karl, Wilhelm Ramler, Der Fuchs und die Trauben, Gesamtverzeichnis deutschsprachiger Gedichte, (http://gedichte.xbib.de/Ramler_gedicht_Der+Fuchs+und+die+Trauben.htm)

Als Matthias endet, ist der Kopf des Lehrers entspannt auf die Lehne zurückgefallen. Nur sein Blick wandert ziellos an der Zimmerdecke entlang. *In welcher Welt mag er wohl jetzt angekommen sein? Und ob er dort glücklicher ist, als mit all uns kleinen Versagern von damals?*

Langsam und fürsorglich schiebt er ihm die gefüllte Teetasse hinüber.

"Ist das nicht ein wunderschönes Gedicht? Wie oft habe ich es schon gelesen. Und die Moral von der Geschicht'? Es ist leicht, zu hassen, was man nicht lieben kann, nicht wahr? Aber nun sitze ich hier und habe es doch geschafft, sie zu lieben: die Schönheit der Sprache, der Poesie – und mein Leben."

Ruhig und gelassen steht Matthias auf. "Bis Morgen, Dr. Breckelmann", verabschiedet er sich freundlich und verlässt aufrecht das Zimmer. Leise, aber fest schließt er hinter sich die Tür.

Gisela Verges: Schraip witu schprichsd

ick jeh jern indi schuhle

da kan mann sofülle sachn lärn

di lärerin wais ales

glaup ick jedenfalz

lärerin will ick och schpeta wern

häude zumbaischpil hapn wia uns iba di tire in unsren weldern underhallden

da jipts hasn unt hirrsche unt võjel unt auch wölve

ja wirrglich di kom aus poolen oda ruslannt iba di gränzen

och een ber is schon bai uns jewesen

den habn di jeger aba erschosn

arma ber

am besten jefelt mir der vux midsaim rotn fel

deris so ssslau

unsre lärerin had jesacht das wia uns iebalejen soln wiman vucks noch

schraibnn kan

mia is fülle ainjefaln

phucks oda fux oda vugs oda pfuks

ick hap eene ainz jekricht

untwi vuggz richtich jeschriben wirt dassoln wia inda schilerhüllfe lern

schpeta

Michael Kramer: Die Vater-Kind-Kur

Eine Woche nach Antragstellung hatte die Krankenkasse die Kur genehmigt. Die Schwierigkeiten begannen, als ich bei den einzelnen Rehakliniken nach möglichen Terminen fragte. Aus Osterheide kam die Antwort: "Männer nur bis April zugelassen". In Fuchshagen waren "männliche Kurgäste derzeit nicht vorgesehen". Und in Bad Niederhafen hatten sie von Vater Kind Kuren noch nie etwas gehört. Sollte ich es statt an der Ostsee vielleicht doch im Schwarzwald, in Bayern oder in der Nähe von Frankfurt versuchen? Ich runzelte die Stirn und ballte die Faust. So eine schreiende Ungerechtigkeit! War ich denn Mensch zweiter Klasse? "Die wollen uns nicht", erklärte ich meinem dreijährigen Sohn Hannes. "Aber so schnell lassen wir uns nicht unterkriegen!"

Am nächsten Morgen brachte ich meinen Sprössling in den Kindergarten und zog los. Bald hatte ich das Kaufhaus erreicht. Ich gelangte in die Damenabteilung und bewegte mich wie zufällig zwischen Kleiderständern, Wäscheboxen und Tischen hindurch. Aber was unbeteiligt scheinen wollte, täuschte. Ganz genau beobachtete ich die Auszeichnungen und die Größenangaben. Und dann griff ich zu. Blitzschnell fasste meine Hand ein hübsches rosa Trägerkleid. Ich sah mich um, niemand schien etwas bemerkt zu haben. Ich eilte zur Umkleidekabine. Glück gehabt!! Nachdem ich die Engstelle über dem Bauchnabel überwunden hatte, passte das Kleid perfekt. Es reichte mir zwar kaum über den Po, gab dafür aber den Blick auf meine behaarten Beine frei.

Ich wackelte mit dem Hintern und seufzte zufrieden. Ich würde zur Kur an die Ostsee fahren! Ein passendes Kleid hatte ich jetzt. Aber ich wusste: Das allein genügte nicht. Mein Outfit war längst nicht perfekt.

In den folgenden Tagen kaufte ich Lippenstift, Nagellack, Farbe und Pinsel. Ich malte, ich strich. Doch das, was ein Lidschatten hätte werden sollen, sah aus, als hätte ich gerade eben eins überzogen bekommen. Rote Farbe klebte an Wangen und Kinn, schmückte Hemd und Kragen. Trotzdem gab ich nicht auf: Stundenlang saß ich vor dem Spiegel und übte wie besessen. Ich studierte Bücher über weibliche Körpersprache, lernte mich wie eine Frau zu bewegen, trainierte ein kokettes Lächeln, übte Kopf und Schulter adrett zur Seite zu neigen. Ich hatte nicht mehr viel Zeit: Unaufhaltsam rückte die Kur näher und damit auch der Tag, an dem ich mich bewähren musste.

"Hatten Sie eine gute Fahrt?", fragte die Dame an der Rezeption, deren spitze Nase unter zwei freundlichen Augen und einem Kopf voller roter Locken neugierig hervorlugte. Dabei lächelte sie meinen Sohn, der im Buggy neben mir saß, freundlich an. "Ja danke", piepste ich, strich mir, so wie ich es gelernt hatte, mehrmals durch die Haare und zupfte unentwegt an meinem Kleid. "Warten Sie einen Moment. Sie werden gleich auf Ihr Zimmer geführt", informierte mich die Frau. Ich atmete tief durch, ließ mich neben meinem Sohn in einen herumstehenden Sessel fallen, setzte mich breitbeinig hin und faltete die Hände hinter meinem Kopf. Die erste Hürde war geschafft! Ich hatte alle überlistet!

Nachdem mir ein junges Ding das Zimmer, die öffentlichen Räume und den Speisesaal gezeigt hatte, packte ich die Koffer aus und ging anschließend mit meinem Sohn zum Abendessen. Als Tischnachbarin stellte sich mir Frau Henriette Sägebrecht mit ihrer Tochter vor. Fünf Minuten nachdem ich Platz genommen hatte, wusste ich die gesamte Leidensgeschichte von Frau Sägebrecht. Nach gefühlten vierzigtausend Wörtern, bei denen ich zuhörte, ihre Mimik betrachtete und geduldig lächelte, schlich ich mich im Zustand völliger Erschöpfung aufs Zimmer und legte mich neben meinen Sohn ins Bett. Mann, war das anstrengend! So schlimm hatte ich mir das nicht vorgestellt. Ich war vollkommen fix und fertig.

"Bist Du Papa oder Mama?", fragte Hannes. Was sollte ich antworten? Ich war schrecklich müde! "Schlaf jetzt, es ist schon spät", sagte ich, küsste ihn auf die Wange, nahm ihn in den Arm und wartete, bis ich seinen gleichmäßigen Atem hörte. Dann schlief auch ich ein. Bald versank ich in unruhige Träume, in denen ich gegen Drachen kämpfte und Prinzessinnen befreite.

Am nächsten Morgen war *ich* wieder die Prinzessin. Beim Frühstück erzählte mir Frau Sägebrecht alle Missgeschicke und unglücklichen Liebschaften ihrer Bekannten. Wie sollte ich das aushalten? Und das heute! Am Tag der entscheidenden Aufnahmeuntersuchung.

"Dann machen Sie sich mal frei", hüstelte Professor Häberlein, dessen klapprige Gestalt in dem viel zu weiten weißen Kittel zu ertrinken drohte. Sein langer weißer Bart reichte ihm bis über die Brust. Auf der Stirn zeigten sich wenige, wie elektrisiert wirkende Härchen, die Antennen gleich, senkrecht zum Himmel standen. Seine Nase schmückte eine Hornbrille, hinter deren dicken Gläsern zwei Äuglein sich bemühten, so viel wie möglich von der Umwelt wahrzunehmen. Der Mann vor mir wirkte wie ein Relikt aus vergangenen Tagen. Aber gerade das machte mir Mut. Gelang es mir, auch ihn zu überlisten?

"Den Schlüpfer können Sie anbehalten", sagte Professor Häberlein, nachdem ich mein Kleid ausgezogen hatte und in Boxershorts und Büstenhalter vor ihm stand. Er nahm ein Stethoskop und horchte meine Lunge ab, fühlte den Puls, tastete meinen Hals entlang, fühlte den mit Socken gefüllten BH und betastete meinen Bauch. Ich wusste nicht, wohin ich schauen und was ich denken sollte. Hatte ich irgendeine Chance? Immerhin gab es gewisse anatomische Besonderheiten, die selbst einem Professor Häberlein auffallen mussten. Dieser setzte sich jetzt hinter seinen Schreibtisch, knetete sein Kinn und seufzte. "Wann hatten Sie das letzte Mal Ihre Tage?" "Ich weiß nicht mehr so genau", stotterte ich. Der Professor schien angestrengt über etwas nachzudenken. Dann fasste er sich, offensichtlich einer plötzlichen Eingebung folgend, an die Stirn, klopfte sich auf seinen Schenkel und schmunzelte. "Sie sind mir ja einer", rief er erleichtert und schüttelte seinen Kopf, so dass seine feinen Antennen in lebhafte Bewegung gerieten.

"Fangopackungen, Problemzonengymnastik und Bauch-Spezial. Wie wollen Sie das überstehen? Ein Wunder, dass es noch niemandem aufgefallen ist!" Ich spürte, wie mir die Röte ins Gesicht schoss. "Ich wollte unbedingt zur Kur, und Männer sind nur bis April zugelassen!", rief ich verzweifelt.

Der Professor kratzte sich an der Schläfe. "Was mache ich jetzt mit Ihnen?", rief er. Dabei nahm er die Brille von der Nase und steckte einen Bügel in den Mund. Seine Hand fasste einen Stift, mit dem er unablässig auf den Tisch trommelte. "Wissen Sie eigentlich, auf was Sie sich da eingelassen haben?", tönte er. Ich schüttelte den Kopf.

"Das Schlimmste sind nicht die Anwendungen. Die überstehen Sie irgendwie, so peinlich Beckenbodengymnastik für einen Mann auch sein mag. Aber wie lange können Sie zuhören? Und wie vielen Frauen gleichzeitig?", Schweiß sammelte sich auf seiner Stirn. Sein Gesicht war rot angelaufen. Ich verstand: Jahrelange männliche Einsamkeit brach sich Bahn. Mein Erscheinen hatte ein Ventil geöffnet. "Was wissen Sie über Kleidung, Schminke, über Tupperware? Wie viele Handtaschen haben Sie, die Sie vorzeigen könnten? Und was machen Sie, wenn Sie einmal alleine auf Toilette möchten?" Er wischte sich den Schweiß von der Stirn.

"Heißt das jetzt, ich kann bleiben?", fragte ich vorsichtig. "Habe ich etwas anderes gesagt? Natürlich bleiben Sie!", erwiderte er. "Das da", er deutete auf meinen BH, "bleibt unser Geheimnis. Ich heiße übrigens Franz." Er streckte mir die Hand entgegen. Wenn Du es nicht mehr aushältst, dann schau einfach abends auf ein Bierchen bei mir vorbei. Ich wohne gleich da drüben, nur ein paar Straßen weiter."

Fünf Minuten später verließ ich das Arztzimmer und das Gebäude. Draußen traf ich auf Henriette Sägebrecht mit drei neugewonnenen Freundinnen.

"Wir gehen noch kurz in die Stadt.", meinte sie. "Du kommst doch sicherlich mit?" Sie lachte und hängte sich bei mir ein.

Was blieb mir übrig? Ich dachte an die Worte des Arztes und drehte mich noch einmal um. An einem der Fenster entdeckte ich Professor Häberlein. Er zwinkerte mir freundlich zu.

Kala Gehrmann: Reue

Ich bereue es, ihr niemals gesagt zu haben, wie sehr ich sie...

Sie winkte.

Vom Bett aus. Die rechte Hand auf dem weißen Bettzeug, faltig, das Gesicht eingefallen, klein, so klein war sie früher nicht. Eingesunken in das Kopfkissen, die Augen flink und fuchsfarben.

Früher hatte sie diesen Fuchspelz als Kragen.

Den durfte niemand berühren außer ihr.

Ihre Augen waren braun und groß gewesen.

Sie blickt schon seit Jahren zum Fenster. Beobachtet, wartet.

Das Kind, ihr Kind kam die Straße entlang.

Früher.

Lief hinten bei der Bäckerei vorbei. Sechs Jahre alt. Dann sieben, acht. Es hatte einen langen braunen Zopf. Lief eilig, wenn es die Mutter in der Ferne am Fenster sah. Der rote Schulranzen auf dem Rücken.

Ich bereue es, Mutter, dir niemals gesagt zu haben, wie sehr...

Das Kind hat jetzt bereits ein eigenes Leben hinter sich. Das Kind ist vierzig. Es trägt die Haare kurz. Es kommt die Straße entlang, hinten um die Kurve, es geht langsam, bedächtig auf das große Haus zu, in dem die Mutter jetzt lebt.

Denkt an das Fenster, das Winken der Mutter, die ganze Zeit, bis das Kind da war, bis es unten ins Haus ging.

Im Winter hatte die Mutter langärmelige Pullover an, dann war ihr Arm in bunter Wolle, oft passend zum Mantel mit dem Pelzkragen, die Hand vorn dran, klein, winkend. Im Sommer trug sie bunte Blusen, mit weiten Ärmeln, die wie ein wehender Vorhang den Arm der Mutter frei gaben.

Jetzt – trägt die Mutter blasse dünne Nachthemden.
Die Pfleger haben ihr Bett ans Fenster gestellt. Damit sie besser sehen kann.
Die Mutter ist jetzt einundneunzig. Sie blickt auf Spargelfelder, sie schaut auf die Straße.
Und wartet.

Jetzt kommt das Kind. Das Kind kommt die Straße entlang. Es ist eine andere Straße als damals und die Mutter ist zu schwach, um ans Fenster zu gehen.
Ganz in der Ferne noch, da läuft es, das Kind.
Die Mutter wittert, erkennt es gleich. Es hat jetzt kurze Haare, aber sie erkennt es. Sie weiß alles über das Kind. Sie erkennt es am Gang, an der Art, wie es den Rücken hält. Das Kind hatte nie eine gute Haltung.
Wie lange ist das her?

Ich bereue es, Mutter, dass ich dir niemals gesagt habe! Ich hatte Angst, es würde zu spät sein.

Gleich!
Gleich!

Das Kind, die erwachsene Frau, geht schneller. Blickt auf das Fenster im achten Stock.
Erinnert sich. Früher hatte das Kind ein Spiel, machte das Kind Magie.
Rannte die Stufen hinauf, so schnell es konnte. Zählte dabei die Stufen, atemlos, drei, fünfzehn, vierzig.
Es galt, so viele Stufen zu zählen und so schnell oben zu sein wie möglich.

Dann würde es für heute gut gehen. Wenn es nur schnell genug war und die Stimmung der Mutter, die eben noch winkte, halten und nicht umschlagen würde.

Das Kind wusste, dass irgendetwas geschah; zwischen dem Zeitpunkt, als die Mutter noch am Fenster war und nach ihm schaute, und dem Zeitpunkt, wenn sie oben die Wohnungstür zum Treppenhaus öffnete und das Kind einließ.

Vielleicht musste das Kind einfach schneller oben sein. Vielleicht mussten es mehr als fünfundsechzig Stufen sein.

Manchmal rannte es noch mal zurück und dann wieder nach oben und dann waren es siebzig Stufen.

Dann war alles gut!

Aber das gelang selten.

Seit Jahren hatte niemand mehr die Mutter besucht, in ihrem weißen Bett im achten Stock.

Die Mutter hat vergessen.

Lange schon.

Eigentlich wusste sie auch damals nicht, warum.

"Es war, wie es war", hat sie gesagt.

"Gott", hat sie gesagt, "Gott hat mir vergeben."

"Gott vergibt jedem, dieser Trottel!"

Als die Mutter älter wurde, veränderte sich die Farbe ihrer Augen. Das dunkle Braun wurde heller. Wurde fuchsfarben.

Schritte.

Das Kind!

Ihre Zimmertür.

Sie ist zu schwach. Müde dreht sie den Kopf. Ihre Hände auf der weißen Decke. Noch immer hat sie diese wahnsinnige Wut in sich.

Aber ihr fehlt die Kraft.

Zum Winken.

Zum Schlagen.

Sie krallt die alten Finger in den gestärkten Stoff.

Früher, wenn das Kind am Boden lag, sagte sie oft lachend darüber hinweg: "Ach, das hat nichts zu bedeuten. Du weißt doch, wie die Füchse sind!"

Das Kind. Erwachsen. Öffnet die Tür.

Steht in der Türöffnung.

Sieht kurz in die Augen der Mutter.

Rötliches Braun. Dieselbe Farbe wie die vom Fuchskragen. Das Kind fragt sich, ob der Mantel wohl in dem kleinen Schrank hängt.

Es kommt nicht näher. Bleibt da stehen, an der Tür.

Wie sind eigentlich die Füchse, Mutter?

Seine Stimme zittert, wenig nur. Die Haltung immer noch ein wenig gekrümmt.

"Ich bereue es", sagt das Kind.

"Ich bereue es, Mutter,

dass ich dir nie gesagt habe,

wie sehr ich dich hasse!"

Angelika von Aufseß: Wunder Vogel

Er sieht aus wie ein in die Jahre gekommener Legionär. Kompakt, drahtig, sehr wach, sehr präsent. Einer, der Gefahren mit der Nase wittert und Flöhe husten hört. Etwas Lauerndes liegt in seiner Haltung, zugleich thront er vor der Gruppe wie ein Buddha, zentriert und gelassen. Wir sitzen im Stuhlkreis wie früher im Kindergarten. Genau wie damals fühle ich mich angespannt und neugierig auf das, was die Tanten wohl mit uns anstellen werden. Auch die Gesichter der anderen im Kreis verraten gemischte Gefühle: bange Augen, Blässe um die Nase, es ist viel Lächeln im Raum. Die meisten von ihnen wären lieber im Büro, hätten sie noch die Kraft dafür. Aber sie sind hier, weil sie nicht mehr können. Heruntergebrannte Kerzen.

Grau lugt sein Brusthaar aus dem Hemdkragen, der oberste Knopf steht offen. Ein haariger Mann, dem man besser keine halbseidenen Geschichten erzählt. Habe ich auch nicht. Warum er sich auf diese Reportage einlässt? Er hätte den Artikel in der ZEIT nicht nötig. Einer wie er hat ausgesorgt mit vierundsechzig. Er muss andere Gründe haben.

Dr. Reinhard Singer, Coach und Anbieter von Auszeiten für ausgebrannte Führungskräfte, hat etwas im Sinn. In seinen Augen liegen Bosheit und Freundlichkeit Seite an Seite. Sein linkes Auge ist das boshafte: schwarzglänzend wie nasser Granit. Das rechte ein stiller, tiefer See, in dem sich Güte und Weisheit spiegeln könnten, wenn man den guten Glauben daran mitbringen wollte.

Seine Vita strotzt vor Zertifikaten, doch ich bin überzeugt: Der Mann arbeitet aus dem Bauch. Könnte ich die Aura eines Menschen lesen, sähe ich warmes Licht vor seinem Bauch oder eine glühende Kugel. Bauchmenschen sind schwer einzuschätzen. Man sagt, sein Camp verließe niemand ohne emotionalen Schleudergang. Keiner kehre nach Hause zurück wie er gekommen sei. Ich habe keinen Grund, eine andere zu sein, mich interessiert, wie er es macht. Ist er echt, ist er ein Blender, wird es eine gute Story?

Wir sitzen also im Stuhlkreis und schauen schweigend in die Runde. Es ist Montagmorgen, 10 Uhr. Kein Smalltalk: *Wo kommst du her, bist du gestern Abend angereist?*

Stille. Wir warten darauf, dass Doktor S. den Kurs eröffnet, auf die übliche Runde zu Erwartungen oder das peinliche Vorstellen: *Ich bin der Michael, ich bin hier wegen Hörsturz, zu viel Druck, overload, ein Systemcrash ... und der Arzt meinte...*

Nichts davon. Der Kampfbuddha sitzt schweigend auf seinem Freischwinger. Er mustert die sechs Personen im Kreis durch seine Silberrandbrille. Er scheint der einzige im Raum zu sein, der atmet.

Der Tagungsraum ist so einfach wie funktional wie geschmackvoll. Bequeme Freischwinger aus weißem Leder, Sisalteppich, kleine Tische, an der linken Längsseite des Raumes. Papier in verschiedenen Farben, bunte Stifte, Fotos und Kunstpostkarten. Hinter mir, auf der rechten Seite, Obstkörbe, Getränke, Thermoskannen, Tassen und Gläser. An der Türseite eine Flip-Chart ohne Smiley und ´Willkommen zum Kurs´ darauf. Weiß, keine Linien.

Die Fensterseite ist das Tor zur äußeren Welt. Von links nach rechts nichts als Glas, dahinter ein Sommertag aus dem vorletzten Jahrhundert: Kiesflächen, Buxbaumlinien, Rosenkreise und ein kleiner Teich. Vom schmiedeeisernen Tor zum Horizont führt eine Kopfsteinpflasterstraße, umsäumt von Linden mit kleinen buschigen Köpfen. ´Auf den Stock gesetzt´ nennt man das.

"Guten Morgen, wir beginnen mit einer Schutzübung, auch Lemniskate genannt. Dabei geht es um Begegnung und zugleich um die Wahrung des eigenen Raums." Die Stimme des Legionärs ist weich und geschmeidig, sie fließt ins Ohr wie warmes Öl. Es gehe bei der Übung um Schutz und um Abgrenzung, sagt er. Ich mache die Übung mit meiner rechten Nachbarin, ausgerechnet mit ihr, der einzigen Frau in der Gruppe, einer traurigen Gestalt. Schwarz mit grauen Strähnen ist ihr hochgestecktes Haar, gräulich ihr Gesicht. Das Grau wirkt wie ein Untermieter, der entschlossen ist, die Wohnung ganz zu übernehmen. Selbst ihre braunen Augen haben einen grauen Schleier. Sie hätte den beigefarbenen Hosenanzug und die weiße Bluse besser gegen eine graue Kutte eingetauscht. Innen wie außen, meine Liebe!

Ich kenne weder ihren Namen noch den Grund, warum sie hier ist, jetzt aber sitzen wir uns gegenüber und schließen die Augen. Dann imaginieren wir einen Kreis, erst jede um sich, und anschließend, wie bei einer Acht, einen Kreis um die andere. Zehn Minuten lang die liegende Acht. Ich spüre nichts, keine Energie, keinen Schutz. Vermutlich bin ich immun gegen Lemniskaten und Anverwandte. Schon will ich mich entspannen, da gleitet seine nächste Anweisung heran: Wir sollen uns in die Augen sehen und den Blickkontakt halten. Wieder nehme ich den grauen Schleier über ihrem Gesicht wahr und, ehe ich mich wappnen kann, schwappt eine Woge von Traurigkeit von ihr zu mir. Das Wasser steigt mir in die Augen. Ich halte die Luft an, schneide die Trauer ab, setze sie auf den Stock. Ein leiser Gongton. Die Übung ist beendet.

"Bitte tauschen Sie sich über Ihre Erfahrungen aus!"

Kleine Zwiegespräche über die Achter-Übung, leises Gelächter, Schneuzgeräusche, Räuspern, Stühle werden gerückt. Dr. S. wirkt jetzt wie ein freundlicher älterer Herr, der mit den Gästen über die Familienverhältnisse der Schwäne im Park plaudern wird. Falsch! Er hat alles genau beobachtet und sein Opfer identifiziert.

"Conny, du eröffnest den Reigen. Erzähl uns deine Geschichte! Warum bist du hier, was ist dein Anliegen, woran würdest du erkennen, dass sich die fünf Tage für dich gelohnt haben?"

Ich hatte zwar damit gerechnet, ihnen ein paar Halbwahrheiten auftischen und den Kerzenstumpen mimen zu müssen. Doch seine direkte Attacke erwischt mich kalt. Er lächelt mir zu, sein Granit-Auge mustert mich kühl, seine Haltung wirkt entspannt, vorgeblich lässig. Meine Hände werden feucht.

Um Zeit zu gewinnen, schenke ich mir Wasser nach, blicke in erleichterte Gesichter. Der Kelch des Anfangens ist an ihnen vorüber gegangen.

"Ja, also, ich bin Conny, bin 35 und Single, übrigens sehr gerne, und lebe in Berlin und der Welt. Ich arbeite als freie Journalistin für große Zeitungen, lifestyle-Themen und so. Nach meinem Studium in London war ich drei Jahre bei

Gruner in Hamburg, seither bin ich frei wie ein Vogel. Heute hier, morgen da, bleibe, wo es mich hinzieht, lasse mich nieder, fliege weiter. Alles gut. So wie ich es will. Meistens." Ich strahle in die Runde wie Anne Will in ihren besten Zeiten. Klappt doch. Will fortfahren mit meiner Show: Warum ich hier bin, was bei mir nicht so rund läuft, da unterbricht mich seine Öl-Stimme: "Ein Vogel, der sich wundfliegt im Engen, ein Vogel, der sich verliert im Weiten, ein Vogel, der ertrinkt im Meer ... Ein stummer Vogel, den niemand hört. Kommt dir das bekannt vor?"

Schnapp. Mitten ins Weiche. Seine Zähne haben sich in meine Eingeweide gegraben. Ich wimmere leise.

Woher kennt er meinen wunden Punkt? Wie kann er so schnell...? Lass ab von mir, lass ab! Nimm die anderen, nicht mich, mich bitte nicht! Bei mir ist alles paletti, alles fit im Schritt, keine Probleme.

Meine Lider flattern, die Bilder, das Wasser, niemand hört mich, wer hat ihm von mir erzählt? Ich bäume mich auf, schlage hektisch mit den Flügeln, dann gebe ich nach.

Ein wunder Vogel weiß, wann seine Zeit gekommen ist.

Rudolf Leder: Fuchs-teufels-wild

Der Fuchs meldete sich einst wegen einer Aggressionsproblematik beim Elefanten-Seelenarzt zur Konsultation an. Dieser war aufgrund seiner Weisheit im Tierreich eine fachlich weitherum bekannte Kapazität für die Behandlung von neurotischen Störungen bei Wildtieren.

Der Fuchs durfte sich auf die Elefantencouch legen und seinen Gedanken und Fantasien freien Lauf lassen. Nach längerem Schweigen geriet er in Erregung, weil in ihm die Erinnerung an eine traumatische Begegnung mit dem Teufel vor einem Gänsegehege wach wurde. Mit der Absicht, eine Gans zu stehlen, hatte der Fuchs ein Loch unter dem Zaun gegraben. Der Teufel sah dies, hatte ebenfalls Lust auf eine Gans, war aber selber zu groß, um durch das Loch zu schlüpfen. Deshalb überredete er den Fuchs, ihm eine Gans durchzureichen. Sie würden diese dann gemeinsam teilen, und der Teufel würde ihm dafür bei anderer Gelegenheit auch einmal behilflich sein. Gesagt, getan, der Fuchs packte die Gans und zwängte sie kopfvoran durch die Öffnung unter dem Zaun, und der Teufel nahm sie in Empfang. Er setzte sich auf deren Rücken und flog mit ihr zur Hölle, wo er sie auf dem Fegefeuer grillierte und anschließend lustvoll verspeiste.

Da war beim geprellten Fuchs der Teufel los. Er wurde zum ersten Mal in seinem Leben im wahrsten Sinne des Wortes fuchs-teufels-wild, beinahe tollwütig, und schwor Rache. "Warum zum Teufel hat dieser meine Gans geklaut, dem werde ich's heimzahlen", schrie er. Seine ungestillte Wut und seine Rachegelüste ließen ihn seit der Begegnung mit dem Teufel kaum mehr schlafen und verursachten ihm höllische Magenschmerzen.

Der Elefantenarzt hörte ihm beim Erzählen einfühlsam zu und meinte, vor nicht allzu langer Zeit sei der Rabe zu ihm gekommen und hätte sich über ihn, den Fuchs, beklagt. Er habe den Raben mit List zum Singen verführt, wodurch dieser den Käse fallen ließ, und der Fuchs diesen dann gestohlen hätte.

Diese Geschichte wollte der Fuchs aber nun nicht hören, es sei ja nur ein ganz kleiner Käse gewesen und nicht eine fette Gans. Der Elefant meinte zum Fuchs, er sei ja schlau genug, um auch einmal den Teufel zu überlisten, und sich für den Raub zu revanchieren. Der Fuchs fragte den Elefanten, ob das Gerücht vom Teufel mit dem Weihwasser stimme. Ja das sei so, meinte der Elefant. Der Teufel hätte eine ausgeprägte und todbringende Weihwasser-Phobie. Damit könnte man ihn mindestens lahmlegen, wenn nicht gar erledigen. Es sei aber schwierig, seiner habhaft zu werden. Wenn man ihn suche, sitze er oft verborgen im Detail und sei so kaum fassbar, auch wenn er sich meist irgendwo in der Hölle aufhalte. Den Weg in die Hölle und damit zum Teufel kenne er ja, dieser sei bekanntlich mit guten Vorsätzen gepflastert. Es gebe zwar eine Höllentalbahn, aber diese sei weit weg im Schwarzwald. Wenn der Fuchs wolle, könne er ihm helfen, ihn begleiten und viel Weihwasser im Rüssel transportieren.

Der Fuchs nahm das Angebot dankend an, und der Elefant füllte seinen Rüssel mit Wasser, das zuvor von einem Priester mit einem Gruß an den Teufel geweiht worden war.
Nun machten sich die beiden auf den Weg in die Unterwelt. Von weitem hörten sie Cerberus, den Wächter der Unterwelt, bellen. Sie waren nach dem langen Marsch müde, litten ob der dort herrschenden Hitze Höllenqualen und sahen von weitem das Höllenfeuer. Wir müssten eigentlich bald in Teufels Küche sein, meinten sie. Auch roch es unter anderem noch immer nach Gänsebraten.

Der Elefantenarzt vollzog nun eine Teufelsbeschwörung, die den Luzifer hypnotisch anzog, ihn wie versteinert stehen ließ, so dass er nicht mehr fliehen konnte. Auch war er nicht mehr in der Lage, sich zur Wehr zu setzen, als ihn der Elefant mit Weihwasser abduschte. Es gab eine Riesendampfwolke und es sah aus, als ob glühendes Eisen mit Wasser überschüttet würde.

Der Teufel schrie: "Um Gottes willen, lasst mich doch in der Unterwelt in Frieden weiterleben. Denkt an meine Lebensaufgabe, denn ohne mich kämen alle Bösen in den Himmel. Wollt ihr das? Wollt ihr mich wirklich endgültig entteufeln und loswerden? Könnt ihr verantworten, dass es mich nicht mehr gibt? Wer soll dann meinen Job übernehmen? Wer soll dann die Bösen holen und zur Hölle bringen? Ihr etwa? Oder sucht ihr allenfalls einen armen Teufel im Ausland? Verzeiht mir, ich kann doch nichts dafür, dass auch ich nur ein armer Teufel bin und Böses mit Bösem oft zwanghaft vergelten muss". Und er flehte weinerlich: "Erfüll mir nun um Himmels willen meinen größten Wunsch: Schließ doch mit mir Frieden und Freundschaft, lieber Fuchs, du wirst es nicht bereuen."

Fuchs und Elefant waren ob der wehklagenden, beinahe christlichen Worte des Teufels gerührt, aber nicht sicher, ob das Friedens- und Freundschaftsangebot einen Pferdefuß hatte. Trotzdem befreite der Elefant den Teufel mit einigen Erlösungssprüchen aus seiner misslichen Lage, sodass sich dieser wieder frei bewegen konnte.

Der Fuchs wusste, dass es zwischen ihm und dem Satan so etwas wie eine Wahlverwandtschaft gibt, tritt doch der Teufel gelegentlich in Fuchsgestalt auf, und der Fuchs seinerseits gilt in bestimmten Kreisen auch als dämonisch. So versprach er sich von einem gezähmten, in Freundschaft verbundenen Teufel, den er mit Weihwasser weiterhin unter Kontrolle halten konnte, eigentlich nur Vorteile hinsichtlich Klugheit und Macht. Er willigte deshalb in Absprache mit dem Dickhäuter in den Pakt mit dem Teufel ein. Dieser schenkte seinen Gästen zur Besiegelung aus einer Flasche selbstgebranntes, hochprozentiges Höllenwasser ein.

Beim Fuchs kam es nun durch diesen Friedensschluss zu einer Spontanheilung. Seine traumatisch bedingte Fuchsteufelswildheit, die höllischen Magenschmerzen, die Rachefantasien und die Schlafstörungen waren wie weggeblasen. Er dankte dem Elefanten für seine heilenden und tatkräftigen Dienste und bezeichnete ihn als den in jeder Hinsicht größten Seelendoktor.

Höllisch müde, aber höchst zufrieden mit ihrem Untertage-Werk, kehrten die beiden nach Hause zurück, wo der Fuchs sogleich in einen tiefen Schlaf fiel und von einem riesigen Schutzengel träumte, der einen Pferdefuß in den Händen hielt.

Daniel Mylow: Weißes Land

Wir fahren. Es klingt wie ein Ruderschlag auf dem Asphalt. Die Stimmen und das Boot.

"Du, wir reisen."

Ihre Stimme ist ganz nah an meinem Ohr. Kurz und zitternd wie das Licht der Scheinwerfer, das über die dunklen Gärten fällt. Der Wagen folgt den Windungen der Straße. Ihre Lippen zittern, als wolle sie noch etwas sagen. Atemwolken stehen zwischen uns. Ihre Nähe ist selten und dann wie etwas, das lange unter Schnee gelegen hat und dann ist es plötzlich vorbei. Die Nacht verrät davon nichts.

Der Anfang ist vergessen. Ich weiß nur, wir reisen nicht. Wir legen eine Strecke zurück. Die Zeit hat etwas Stilles bekommen. Ihre Hände ziehen einen strömenden Bogen über meine Haut. Im Fensterglas entrückt das Halbrund der Dörfer, die Korallenschatten der Wälder, die hohe Nacht aus Mauern. Das Motorengeräusch erstirbt. Unsere Lippen neigen sich. Darunter sinkt ihr Körper in die Tiefe. Er lässt mir nie etwas in den Händen. Ich träume manchmal einen toten Traum, einen Garten aus Schnee, in dem sie umhergeht und am nächsten Morgen kann ich den Abdruck ihres Fußes im Schnee berühren.

"Du, wir reisen."

Der Himmel wechselt die Sterne. Die Schatten der Füchse treten hervor bis an den Wagen.

"Ich habe noch niemals so viele von ihnen gesehen", sagt sie. Dabei lächelt sie.

"Es muss das Jahr sein. Ein besonderes Jahr. Das Jahr der Füchse."

"Vielleicht."

Sie wirft ihre langen Haare zurück in die Sterne und alles ist gesagt. Unsere Augen starren in zerstückte Hügel. Wir fahren. Fuchsschatten weichen in das Dunkel gebrochenen Lichts. Es ist kalt. Ihr Gesicht verschwindet zwischen dem hochgestellten Kragen ihrer Jacke.

"Wann?", höre ich meine Stimme, viel zu früh.

Sie schüttelt den Kopf.

"Wir warten. Wie die Füchse. Lass uns diesen Winter wie die Füchse sein."

Weißes Land, denke ich. Das Land wird weiß sein, wenn wir uns wieder sehen. Bis dahin tragen wir Zeichen.

Sibylle Cziort: Fuchs, Du hast mich ganz gestohlen

Mein ungeborenes Kind, Du kennst mich nicht ... und wirst mich vielleicht auch nie kennenlernen. Trotzdem sollst du etwas über mich erfahren ... und begreifen, warum du eigentlich nie geboren werden solltest.

Ärzte waren für mich immer ein Luxusblindarmwurmfortsatz der Gesellschaft. Wer zum Arzt geht, der verliert! Der verwirkt den Respekt seiner Kollegen. Denn wer will schon morgens die Marketingbesprechung absagen, weil er mit bunten Tapes auf dem Rücken beim Physiotherapeuten sitzt?

Und so habe ich ignoriert! Ich habe die Zelle, die er einst war, geduscht und dabei an ihn keine weitere Aufmerksamkeit verschwendet.
Ich habe den bereits fühlbaren Hubbel missachtet und ihn mit Bodylotion verhätschelt.
Als er zum Klumpen wurde, fand ich Shirts mit ohne Ausschnitt ... um ihn zu verhüllen und mit bunten Farbkombinationen aus meinem Gedächtnis zu löschen. Beinahe hätte ich ihn zu Tode ignoriert ... aber eben nur beinahe.

Mein Kind, die Realität holte mich ein. Der Fuchs in mir war schlauer als meine mühsam gespielte Leichtigkeit ihm gegenüber.
Und Grund warst DU! Trotz einschlägiger Verhütungsmaßnamen blieb meine Periode aus. Ein Test aus der Apotheke reichte, um mich gleichzeitig in Freudentaumel und in Zukunftsängste zu katapultieren. Würde mir mein Businesskostüm noch mit dickem Bauch stehen? Würde ich nach 6 Wochen Stillen und Pflegen einen Krippenplatz finden? Was wird dein Vater sagen ... ein Mann von Welt und Wirtschaft, der noch nie von eigenen Kindern gesprochen hat?

Mein liebes, ungeborenes Kind, die Hormone drängten mich, meine Arztaversion zu überwinden. Ich sehnte mich nach einem Ultraschallbild von dir und besuchte meine alte Frauenärztin. Sie bestätigte DICH! Leider nicht nur dich! Beim Abtasten meiner Brust entdeckte sie den Fuchs! Schlau verborgen unter mühselig antrainierter Muskelmasse lag er! Dick und lauernd! Er wollte nicht gleich zubeißen ... nein, er spielte mit seinem Opfer ... mit mir! Er trieb mich tief unter die Erde und gaukelte mir Bilder von Siechtum und Entsagung vor ... um mich dann mit einem kleinen Hoffnungsstrahl wieder an die Oberfläche zu locken ... mit Visionen von medizinischen Wunderwerken.

Fakt war ... der Fuchs war da und er war definitiv bösartig. Bissig, blutrünstig und tückisch. Er war die schlimmste Stufe 3 ... aggressiv und wuchernd.

Hatte ich mich bis heute nur mit Umsatzzahlen, Marketinganalysen und Kundenfeedbacks beschäftigt ... so dröhnte plötzlich der Name Mammakarzinom durch meine Gehirnzellen.

Noch gab es keine großen Entscheidungsaktionen für mich. Der Fuchs musste weg ... zumindest sein denkender und richtungsangebender Kopf.

Der Krankenhaustermin überrollte mich zügig. Dein Vater wuchs über sich hinaus. Er wachte an meinem Krankenhausbett ... ohne bisher von DIR zu wissen.

Es tut mir Leid, mein Kind, dass ich dir nichts von unendlicher Mutterliebe und ihrem Sieg über alles berichten kann. Ich fühlte dich UND ich fühlte den Fuchs ... auch noch nach der Operation. Ich hatte DICH behalten ... und den Fuchs auch. Sein Kopf war entfernt und lag im letzten stummen Todesschrei in der Pathologie des Krankenhauses. Aber er war schlauer als die Ärzte. Er hatte seinen Kopf geopfert ... aber seine verseuchten Pfoten in mir hinterlassen.

Aber dein Vater war fast so schlau wie der Fuchs! Er spürte das Leben in mir, er fühlte DICH ... nachdem der Fuchskopf den letzten Atemzug in der Gefriertruhe tat.

Die Ärzte rieten mir zu einer Abtreibung. Kein Ungeborenes könnte mehrere OPs plus Bestrahlung und Chemotherapie überleben.

Aber dein Vater wollte kämpfen! Um DICH!! Für DICH!

Mein Wille war außer Kontrolle ... flatterte ungehört vor sich hin.

Ich ließ nur noch zu! Ich ließ die Ärzte gewähren, als sie mir die ganze Brust abschnitten, um die Pfoten des Fuchses Stück für Stück vom kopflosen Körper zu amputieren. Sie schnippelten und kratzten ... um auch die letzten Pfotenabdrücke des Fuchses in meinem Oberkörper weg zu polieren.

Mein Kind, es war ein Wunder ... aber DU hast alle diese zeitaufwendigen Operationen überlebt! DU warst zäher als jeder Fuchs und klebtest wie ein Orakel in meinem Bauch. Ein Wegweiser für die Zukunft! Eine Hoffnungsschleife im dunklen Krankenhausdickicht.

Und je mehr dein Vater sich mir emotional entzog ... desto mehr lernte er DICH lieben. Jede Träne, die er für mich weinte, galt DIR und Deinem zukünftigen Leben.

Die Ärzte fragten mich längst nicht mehr, wie es mir ginge ... nein, sie fragten, wie es DIR denn ergehen würde. Ich projizierte meine Kraft automatisch auf dich und vergaß dabei fast das Atmen.

Der Fuchs war verbannt. Er war verbrannt und dem Sondermüll zugeführt worden.

Aber seine potentiellen Nachfolger tobten in meiner Blutbahn. Genau wie DU konnten unzählige ungeplante Fuchskinder entstanden sein ... die in mir spielten und nur nach der Gelegenheit suchten, sich häuslich niederzulassen, um neue Bösartigkeiten wachsen zu lassen.

Die Ärzte rieten mir vehement zu einer Chemotherapie, um die Fuchsableger wie mit einem Besen davon zu jagen. Natürlich erst nach

Deiner Geburt. Denn inzwischen galt DEIN Leben zu erhalten über dem meinen.

Mein Kind, keiner verstand meine Entscheidung, die Chemotherapie kompromisslos abzulehnen. Ich hoffe, DU wirst sie irgendwann ... jetzt, wo Du meine Zeilen lesen kannst ... verstehen.

Ich kämpfte nicht mehr gegen den Fuchs. Nicht gegen seine bösartige Brut und nicht gegen seine in mir huschenden Gedanken. Ich kämpfte nur noch für DICH! Dafür, dass dein Vater dich wird aufwachsen sehen.

Ich will Dich NICHT mit von Chemo gezeichnetem Körper in meinen ausgemergelten Armen halten. Ich will NICHT auf den ersten Familienfotos mit einem Kopftuch umrandeten Lächeln zu sehen sein. Ich will dich NICHT in Deinem Laufgitter alleine zurück lassen, weil ich ständig spucken und ruhen muss. Ich will NICHT mit dem Wissen diese Welt verlassen, dass ich hätte schöner und kräftiger für DICH sein können.

Ich bin keine Spielernatur ... und doch setze ich jetzt nur auf eine Zahl. Wenn es das letzte ist, was ich vollbringen werde ... dann wirst das DU sein! Dich werde ich gesund in die Welt geleiten. Und wenn es ein `Danach` gibt ... werde ich Deinen Lebensweg so lange mit Dir gehen, bis mein Lebensweg endet!

Aber wenn die Zahl NULL nicht fällt ... weil der Fuchs bereits Nachkommen in mir verstreut hat ... dann lasse ich sie gewähren. Dann soll der Fuchs gewinnen und ich verlasse seine Spielwiese.

Wenn DU diese Zeilen liest, mein Kind ... dann ... dann wirst du meinen Fuchs hassen und lieben lernen. Denn egal, welche Wunden er mir beigefügt hat ... er hat DEIN Leben für mich lebenswert gemacht.

Kerstin Dietrich: Und manchmal ist der Fuchs auch tot

Dann liegt er in einem Loch, aus dem er nicht mehr heraus konnte. In das er eingesperrt wurde. Verschüttet. Oder sich eingesperrt hat. Zugeschüttet. Aus. Kein Fressen, kein Saufen, kein Gar-nichts-mehr. Nur noch die dünne Luft. Und das bisschen Decke über dem Kopf. Die dann fällt. Zumindest in unserer Vorstellung. Aber wie soll man sich das vorstellen können: Zu liegen im Dunkeln und zu verrecken. An Hunger, an Durst, an Verlassenheit. Wie lange reicht die Kraft zum Jaulen. Zum Atmen. Beißt der Fuchs sich selbst, in seiner Ahnung Ich-muss-sterben, in seiner Todeswut. Oder gibt das Hirn noch eifrig fix ein bisschen Morphin frei. Auf dass der Kämpfende vorfristig bei Phase "Schluss" nach Kübler-Ross einfliegen kann, hinnehmend nun den kleinen Rest. Ein Pappenstiel, die Landebahn. Und stopp. Schon wird er willkommen geheißen im anderen Land: Wir hoffen, der Aufenthalt wird gut.

Ob er in seinem Himmel den Klagelaut meiner Trauer hört?

Ich lief auf der Decke, die mein Boden war, unter dem er starb. Arbeitete in dem Zimmer über dem Fuchsbau, ohne von ihm zu wissen. Bis der Tag kam, an dem es zu riechen begann. Vorerst hielt sich der Geruch noch zurück, schlich durch die Ecken, verflüchtigte sich. In diesem Zimmer wurden Menschen behandelt, die an plötzlichen Schlägen im Kopf oder an anderen neurologischen Gründen krankten, die allesamt und jeder für sich ein Horrorszenar darstellen, nur schon in Bezug darauf, was ein Mensch plötzlich oder schleichend nicht mehr zu tun vermag. Nicht mehr stehen, nicht mehr gehen, nicht mehr sehen, nicht mehr schlucken, nicht mehr sprechen, nicht mehr fühlen. Das eigene Bein nicht, oder emotionsflach den Bezug zu sich selbst und zu seinem Gegenüber nicht, mit einer Windel in XXL.

Und so meinten wir Therapeuten, dass sie, die Patienten, die Ursache des riechenden Übels seien. Nahmen Hosen ins Visier und öffneten die Fenster, weit, zum Austausch der Lüfte - worauf sich der Gestank verstärkte. Ratlos wurden die Fenster wieder geschossen.

Am Tag darauf stand die Wolke mitten im Zimmer, ein Feind unverrückbar, mit seiner bitter süßen Penetranz Köpfe und Mägen ins volle Gefecht nehmend. So hieß der schützende Graben und die Flucht in diesen Stunden die Station und das Krankenbett, in dem der Patient nun therapierend verbleiben musste.

Die Aufklärung kam gegen Mittag mit dem Hausmeister, der uns von einem Fuchsbau unter unserem provisorischen Haus auf der Wiese berichtete, dessen Zugänge absichtsvoll verschlossen worden waren, von wem auch immer ... und versprach, sich der Sache anzunehmen. Wir blieben zurück mit Nasen und Augen voll toter Füchse.

Am Abend saß ich mit einem Freunde bei einem Nachkinobier und ich erzählte ihm die Geschichte. Und plötzlich veränderte sich das Bild, die Füchse waren nicht mehr die Füchse. Da lag plötzlich der Mann, der einmal mein Mann, mein Liebster war, und weg ging und starb und Wochen tot lag in seiner Wohnung. Bis die Hausbewohner die Polizei alarmierten ... wegen des Gestanks. Wegen des Gestanks. Des Gestanks. Diesen Gestanks.

Und plötzlich vervollständigte sich das mich schon Jahre verfolgende imaginäre Bild des auf dem Boden liegenden Toten, mit diesem realen Geruch von Tod. So also roch der Tod. Ich hatte bislang keine Vorstellung davon entwickeln können. Und plötzlich war der Gestank da, kam in den Abend, an unseren Tisch, unter meine Haut. Und in mein Hirn. Bild und Geruch verbanden sich, füllten allmächtig meinen Kopf aus, wurde ich zum Tod, zum Gestank, zur erneuten Ohnmacht meiner Trauer.

Und so war es mir nicht mehr möglich diesen Raum zu betreten, denn unter ihm lag jetzt mein Mann. Verhungert, verdurstet, verlassen und tot.

Ausgezogen einst, um wieder ein großer Mann zu werden. Wollte anknüpfen an eine große, doch vergangene Karriere auf den Brettern, die die Welt bedeuten, doch nur die Welt. Und hatte vergessen, dass er nicht mehr der war, der er einmal gewesen war. Denn inzwischen war er ein kranker Mann, ein suchtkranker Mann. Dem der Alkohol half, vor der Vorstellung gegen das Lampenfieber, nach der Vorstellung für das Wiedererlangen von Bodenhaftung. Wenn es keine Vorstellungen gab, gegen die Ödnis der Ebene und für das Zaubern von genialen Gedanken und Ideen. Das nahm er mit in seinem Gepäck, ausgepackt hingegen hatte er Weib und Kind.

Dann kam die Einsamkeit, doch sein Ausgang war schon verschüttet. Das hatte er im Dürsten nach dem großen Licht gar nicht bemerkt, dass das kleine, treue ihm schon erloschen war. Dann kam das Dürsten nach dem Durst, der sich niemals stillt, das Stürzen, das Liegen unter der Illusion von Etiketten, verschüttet das letzte Glas, verschüttet der letzte Atemzug. Wie lange lag er da, schrie er seinen Schmerz ins Dunkel, bis er sich kraftlos ergab, wie lange hörte er das Klingeln des Telefons, mit dem ich ihn rief. Wo geht die Seele hin, wenn sie kein Fenster zum Fliegen hat. Setzt sie sich neben den Leib, bis er gefunden wird. Kam sie dann zuerst zum Kinde, um ihm träumend zu sagen, dass es nun wirklich keinen Vater mehr habe.

Ich musste meine Haut vielmals waschen, salben, immer wieder waschen und salben. Ich habe Düfte gestäubt, Kerzen gezündet, ein Meer von Blumen aufgestellt, mich und die Welt wieder riechen zu lernen, duftend, lebendig und gut , um nicht zu verschütten.

Und noch einmal die letzte Ehre, und noch einmal der Abschied. Und noch einmal die Fürbitte um einen guten Ort, um die sichere Landung. Kein Klagen soll stören seine Ruh.

Wolfgang Rose-Heine: Der Fuchs bei Aesop

Nun gut, ich habe den Posten nicht bekommen. Aber ich habe jetzt eine gleichwertige Stelle bei der Konkurrenzfirma. Und der Chef dort geht ausgesprochen liebenswürdig mit mir um. Ich fühle mich wohl hier.

Aber von Anfang an.

Einer unserer Abteilungsleiter ging in seinen wohlverdienten Ruhestand und die Position war neu zu besetzen. Ich gehörte zum Kreis der möglichen Nachfolger. Bisher waren meine Arbeit und mein Engagement für die Firma positiv aufgenommen worden und das Verhältnis zu meinem Boss, Herrn Phoux, war sachlich professionell, aber durchaus freundlich.

So freute ich mich denn auch über eine Einladung zum Abendessen bei Phoux zuhause, zu dem auch ein weiterer Geschäftsführer und ein anderer Mitarbeiter kommen sollten, in dem ich nicht unbegründet einen Konkurrenten erkannte.

Im leichten Sommeranzug und mit einem Blumenstrauß für die Hausherrin erschien ich dann pünktlich vor der großzügigen, hell erleuchteten Villa und klingelte.

Herr und Frau Phoux öffneten gemeinsam die Tür, ich wurde hinein gebeten und ins Wohnzimmer geführt. Ja, sie hatten Geschmack. Das Zimmer war hell und freundlich, nicht überladen mit Möbeln und dezent mit einer Serie Pinselzeichnungen dekoriert.

Die Bilder waren ein Blickfang. Ich konnte die Signatur des Künstlers nicht entziffern, aber er hatte im Stile von Picassos Stierkampfbildern mit kühnem Pinselschwung Szenen aus Aesops Fabeln hingeworfen. Man sah den Wolf mit dem ahnungslosen Schaf diskutieren, einen Fuchs nach zu hoch hängenden Trauben springen und einen anderen Fuchs, der zu lachen schien, während sich ein Storch vergeblich mühte, Brei von einem flachen Teller zu essen.

Nachdem alle Gäste erschienen waren und sich in den bequemen Ledersesseln im Smalltalk betätigt hatten, wurde zu Tisch gebeten. Zunächst gab es eine kleine Schale mit Hummercremesuppe, die von einem Hausmädchen aufgetragen wurde.

Auf den Hauptgang schien sich mein Vorgesetzter diebisch zu freuen, denn sein fröhliches Lächeln konnte fast schon als Grinsen interpretiert werden.

Und dann kam er: der Hummer. Drei ganze Tiere, im Siedewasser knallrot gefärbt, noch dampfend. An die Beilagen erinnere ich mich gar nicht mehr, denn der Schreck fuhr mir in die Glieder. Ich hatte mein Lebtag noch keinen Hummer gegessen und deswegen auch keinerlei Ahnung, wie und mit welchem Werkzeug man solch einem Tier zuleibe rückte.

Die folgende halbe Stunde war ein Alptraum. Nach Murphys Gesetz ging schief, was nur falsch laufen konnte. Ich verbrannte mir die Finger, die durchaus eingesetzt werden sollten, am glühenden Hummerkörper. Natürlich rutschte mir eine Schere des armen Tieres durch die Zange und rutschte weit, weit über den glänzenden Parkettboden. Beim Versuch dies zu verhindern stieß ich das Weinglas um. Das Mädchen musste kommen und mich und die Tischdecke retten. Ob Hummer eigentlich schmeckt, kann ich nicht wirklich beantworten, denn ich habe nicht sehr viel davon gegessen und keinen Sinn für den Geschmack gehabt bei dem Gefühlschaos und dem Bluthochdruck in dieser peinlichen Situation.

Für den Rest des Aufenthalts an diesem Abend, den ich so kurz wie möglich hielt, war ich sehr schweigsam und konnte kaum dem Gespräch folgen.

Mir ging im Kopf herum, ob eine Absicht hinter der Geschichte steckte, ob mein Chef mich auf meine Tauglichkeit für die Chefetage und damit für ähnliche Anlässe außerhalb des Geschäftes, die dann wohl dazu gehörten, testen wolle.

Mein Kollege und Mitbewerber hatte sich übrigens wacker geschlagen. Entweder er kannte die Bedingungen im Voraus und hatte geübt oder er war trotz seiner eigentlich noch nicht dafür geeigneten Gehaltsklasse schon öfter mal mit Hummern im Clinch gewesen.

Ich wollte jedenfalls zwei Dinge nicht tun: Ich wollte noch nicht aufgeben im Kampf um die Position, die ich mir zutraute und wünschte und ich wollte diese peinliche Situation nicht so dastehen lassen. Das war ich mir schuldig.

In der nächsten Woche war ein Viertelfinalspiel in der Champions Leaque mit Beteiligung des ortsansässigen Fußballmeisters. Ich hatte einige Freunde zum gemeinsamen Fernsehabend eingeladen und weitete diese Einladung nun auf Herrn Phoux aus. Er konnte die Gegeneinladung schlecht ablehnen und sagte zu.

Die Freunde, ein Nachbar, ein früherer Mitspieler aus dem Fußballverein und ein Kommilitone, mit dem gemeinsam ich das BWL-Studium bewältigt hatte, waren früh gekommen, um die ewiggleichen Kommentare im Vorfeld des Spiels zu kommentieren und die Stimmung war schon auf hohem Niveau, als Herr Phoux eintraf.

Die Freunde hatten keinerlei Schwierigkeiten ihn unmittelbar in ihren Kreis aufzunehmen. Er bekam gleich eine Bierflasche in die Hand gedrückt und mein Nachbar ließ es sich nicht nehmen, mit seiner Flasche oben drauf zu schlagen, so dass sofort ein schöner Bierschwall über Phoux´ Hand schäumte. Da wir auf der Gartenterrasse saßen, war das problemlos. Ich hatte natürlich auch kein Hausmädchen, das die Bierflecke beseitigt hätte, wozu auch? Das Spiel begann, die Fußballer kickten munter hin und her. Die Kommentare waren mindestens eben so munter und lautstark. Schnell waren auch die Bratwürste auf dem Grill heiß und knusprig und jeder nahm sich einen Pappteller und aß sie gleich mit der Hand. Servietten lagen allerdings bereit, um sich das Fett dann von den Fingern zu entfernen.

Die Stimmung war außerordentlich launig und das lag nicht nur an dem gut gekühlten Ouzo, der wiederholt die Runde machte, sondern auch daran, dass der heimische Verein gegen jede Befürchtung seinen Gegner hoch und verdient besiegte.

Herr Phoux war mit dabei, aber die muntere Stimmung erreichte ihn nicht recht. Er verbrauchte die meisten der Servietten, zunächst zum Abtrocknen des Bieres an seinen Händen, dann für das Bratenfett der deftigen Wurst, zu der er sich weder Senf noch Ketchup aus den bereit gestellten Plastikflaschen nahm. Auch der Ouzo wollte ihn nicht aufmuntern, nach der zweiten Runde wehrte er schon freundlich, aber bestimmt ab.

Auch fachlich konnte er nur wenig zum Thema des Abends beitragen, was besonders auffiel, als es zur Debatte um eine knifflige Abseitsposition kam. Der Abpfiff war kaum verklungen, da verabschiedete er sich auch schon gleich.

Nein, ich habe die Stelle des Abteilungsleiters nicht bekommen. Mein Hummer knackender Kollege wurde bevorzugt. Ich hatte es auch nicht wirklich mehr erwartet oder noch gewollt. Denn der Fußballabend auf meiner Terrasse war ein Test meinerseits, ob mein Chef Stil und Humor besaß. Und er hatte ihn nicht bestanden.

Ich bin der Auffassung, dass gerade in den Chefetagen Lockerheit, Stil und Humor vorherrschen sollten, damit das sachliche Geschäft einen nicht entmenschlicht und auffrisst. Dabei sollte der Humor aber nicht durch die Demütigung eines anderen entstehen.

Ich bewarb mich wenig danach erfolgreich bei einem Mitbewerber und bekam dort, wie ich aus späteren Gesprächen erfuhr, die Stelle gerade deswegen, weil mein ehemaliger Chef meinem zukünftigen Vorgesetzten von den beiden Abendesseneinladungen erzählt hatte, wohl um ihn eher anders zu beeinflussen.

Aber mein neuer Boss kennt seinen Aesop und ist im Übrigen ausgesprochen humorvoll und Dauerkartenbesitzer bei unserem heimischen Verein, der an jenem Abend siegte.

Er verriet mir auch den Namen des Künstlers jener schönen Pinselzeichnungen, die ich im Villenwohnzimmer bewundert hatte. Ich machte mich schlau und fand tatsächlich eine zweite Zeichnung zur Fabel von Fuchs und Storch, in der nun aber der vom Vogel eingeladene Reinecke sich vergeblich bemüht, die Fleischstücke aus den langen Flaschen zu holen, die ihm Adebar vorgesetzt hatte und die der mit seinem langen Schnabel zügig leerte. Eine Kopie davon ließ ich meinem alten Chef auf dem Postwege zukommen.

Ob er es nun wohl verstanden hat?

Sophie Stroux: Schwarzweißrot

Vor einer kleinen Currywurstbude: Ein Fuchs streift unruhig auf der grauen Straße umher. Niemand, der zu ihm hinab sieht. Die Straße ist wie ausgestorben.

Er hat Hunger. Mal wieder.

Und die Mülltonnen wurden heute ausnahmsweise geleert.

Ein kleiner Mann in schwarzem Anzug hastet vorbei und verliert zwei Pommes. Der Fuchs schnappt zu - eine für jetzt, eine als Notration. Für später.

"Scheiß Katze!", schimpft das Mädchen im Minirock und wirft einen Kieselstein.

Es ist kalt, die Stufen, auf denen sie sitzt, sind aus Stein und sie trägt nur ein dünnes Jäckchen. Sie zittert.

Ihre Brille liegt zu Hause. Sie ist eitel, will nicht so aussehen wie ein Computerfreak. Hätte sie ihre Brille auf, könnte sie sehen, dass der Fuchs plötzlich verschwunden ist. So bemerkt sie nur, dass der rote Fleck weg ist.

Einfach weg. Nicht einmal die Pommes liegt noch auf dem Boden.

Aber das sieht sie nicht.

Es klingelt. Der alte Besitzer blickt nicht auf, wendet die Würstchen.

Der Junge sieht sich um. Die Bude ist klein, recht gemütlich, trotz des grellen Lichts. Holzstühle und winzige Tische, vergessene Zeitungsartikel an den Wänden.

Er ist der einzige Kunde. Und auf dem Grill liegen zehn Würstchen.

Sein Magen knurrt, der Besitzer schaut auf und blickt in die Augen des rothaarigen Jungen.

Er ist erstaunt, wie die rote Mähne leuchtet. Die Haare stehen in allen Winkeln vom Kopf ab. Beinahe unnatürlich.

Und der Blick. Unruhig huscht er hin und her, bleibt nur an den Würstchen hängen. Kurz, dann wieder zur Tür.

"Na, was willst du?", fragt der Würstchenverkäufer. Seine Stimme passt zu dem Raum, ist warm und gemütlich, doch der Junge zeigt nur stumm vier Finger.

"Ah, bist wohl einer von der stillen Sorte, was?", brummt der Alte in seinen kurzen weißen Bart.

Der Junge bleibt stumm. Verlagert das Gewicht auf das rechte Bein, spielt nervös mit dem Saum seines T-Shirts.

Der weißhaarige Mann wendet noch mal alle Würstchen, sucht die besten heraus und lädt sie in eine Pappschachtel.

Ungelenk greift der Junge nach dem Essen. Eine Wurst fällt zurück auf den Grill.

"Na komm, die tun wir wieder drauf." Er holt die Wurstzange wieder hervor.

"Musst ja noch stark werden, Junge. Weißt du, in deinem Alter hab ich auch vier am Tag verdrückt. Und..."

Es klingelt. Die Tür fällt zu.

Der Alte blickt auf, beugt sich sogar über den Tresen.

Langsam, ungläubig öffnet er die Tür und tritt vor die Bude.

Der Junge ist weg.

Das Mädchen auf den Steinstufen beobachtet den weißhaarigen Mann. Er steht vor der Bude, blickt sich verwirrt um.

Sie weiß nicht, nach was er sucht. Vielleicht wartet er auf jemanden.

Sie hört ein Auto über das Kopfsteinpflaster holpern. Ein paar Besoffene stolpern durch die Nebenstraße.

Vor den Füßen des Mädchens sitzt die rote Katze von vorhin. Schlingt hastig ihre Beute herunter und leckt sich das Maul.

Das Mädchen kneift die Augen zusammen - ganz schön großes Maul für eine Katze. Und so spitze Zähne.

Aber dann huscht das Tier schon weiter.

Auf den kalten Steinplatten vor ihr sind schwarze Flecken - es riecht nach Bratwurst.

Der Fuchs ist satt. Satt und müde und draußen ist es zu kalt.

Er linst vorsichtig um die Ecke.

Die U-Bahn-Station ist fast leer. Die Wände sind weiß, aber alt und verdreckt und der Boden mittlerweile dunkelgrau.

Knapp ein Dutzend Leute steht verstreut auf dem Bahnsteig. Eine Mutter mit schlafendem Kind auf dem Arm. Eine alte Frau, die strickt. Ein braungebrannter Mann mit Hund.

Es ist schon spät. Aus dem schwarzen Tunnel hört man kein Geräusch.

Er weiß, dass man ihn hier nicht verjagen wird. Aber da ist der Hund. Er hasst Hunde - sie entdecken ihn immer.

Es ist einer dieser winzigen Hunde. Weiß, gepflegt und noch schlafend.

Der Terrier liegt auf dem schmutzigen Boden, döst vor sich hin. Er hat sich an den Geruch der Station gewöhnt.

Staub, verschüttete Cola, Schweiß und alte Kotze. Alltägliche Gerüche in dieser Stadt.

Träge streckt er seine Pfoten von sich. Sein Herrchen telefoniert. Wie immer.

Ein ungewohnter, leicht wilder Duft zieht ihm in die Nase. Er schnuppert.

Den Geruch kennt er.

Von außerhalb der Stadt. Von den Wäldern, von diesen katzenähnlichen roten Tieren mit den spitzen Schnauzen.

Er springt vor. Zerrt wie wild an der Leine und bellt. Er muss sein Herrchen warnen.

Doch der zieht ihn nur unsanft zurück und telefoniert weiter.

Der Hund bellt noch lauter.

"Nana, jetzt hörst aber auf. Lass doch den armen Jungen schlafen!", redet die strickende Frau auf ihn ein. Ihre weißen Locken wippen bei jedem Wort.

Sein Herrchen zieht ihn zurück und entschuldigt sich bei der Frau.

"Verzeihung. Ich weiß auch nicht, was mit ihm los ist." Er tätschelt den Terrier kurz. "Sonst ist er immer ganz ruhig. Vielleicht hat der Junge irgendwo eine Wurst versteckt."

Er lächelt entschuldigend und die Frau lächelt zurück.

Der rothaarige Junge neben ihr rollt sich noch enger zusammen und schläft ein.

Mitten in der U-Bahnstation. Auf weißen Plastikstühlen.

Ein roter Fleck in all dem Schwarzweiß.

Danksagung

Wir danken folgenden Verlagen, Redaktionen und Firmen für die
freundliche Unterstützung unseres Schreibwettbewerbs:

Die Teilnehmer des Schreibwettbewerbs 2012

Arnold, Anett	D	Mylow, Daniel	D
Bender, Birgit	D	Ouladali, Charaf	D
Birkert, Florina	D	Paulini, Simone	D
Blume, Anja	D	Paulini, Stefan	D
Büschgens, Andrea	D	Petrick, Dagmar	D
Cox, Celine	D	Pöllmann, Sarah	D
Cziort, Sibylle	D	Przyklenk, Josef	D
Dietrich, Kerstin	D	Rank, Klaudia	D
Engeler, Claudia	RCH	Rickert, Inge	D
Erni, Kevin	CH	Riethmeister, Ann-Zoe	D
Feistl, Walburga	D	Rose-Heine, Wolfgang	D
Gehrmann, Kala	D	Roth, Antje	D
Germek, Anna	D	Santiago, Marlise	CH
Groch, Karola	D	Schamoni, Lilli	D
Hast, Sina	D	Scheil, Lilli	D
Heinzmann, Edith	D	Schellin, Joyce	D
Janiszewski, Rebecca	D	Schiecke, Lucia	D
Kaiser-Plessow, Utta	D	Schneider, Astrid	D
Kazinski, Norbert	D	Schwarzer, Winfried	D
Klein, Anita	D	Seubert, Amelie	D
Koepsell, Cornelia	D	Siemon, Claudia	A
Koller, Friederike	A	Skuras, Melanie	D
Konopatzky, Horst	D	Steiger, Stefan	D
Kramer, Michael	D	Stroux, Sophie	D
Kuhlmann, Dieter	D	Tmava, Anile	D
Lange, David	D	Verges, Gisela	D
Leder, Rudolf	CH	von Aufseß, Angelika	D
Lorenz, Sina	D	Wallnig, Jorina	D
Malkusch, Frank	D	Weber, Anke	D
Maske, Lena	D	Weber, Wolfgang	D
Meier, Peter F.	CH	Wierzchon, Michelle	D

Willi Volka	D	Zup, Sophie	D
Worsch, Laura	D		

Abkürzungen der Herkunftsländer:
D - Deutschland, A - Österreich, CH - Schweiz, RCH - Chile

Publikationen des Verlags deutex

**Jetzt bestellen
unter https://shop.deutex.de
oder direkt beim Verlag deutex,
Landréstraße 14, 12621 Berlin.**